THE NOTEBOOK TO CREATE HAPPINESS
HAPPINESS EXISTS ONLY INSIDE YOU.

しあわせを創造する note

AMY OKUDAIRA

あなたの心に効く37のワーク

WHERE IS HAPPINESS?
HAPPINESS IS NOT SOMETHING THAT SOMEONE BRINGS
BUT SOMETHING YOU FEEL, AND IT'S INSIDE YOU.
IF YOU LOOK FOR HAPPINESS IN THE OUTSIDE WORLD OR IN OTHERS,
YOU WILL NEVER FIND IT.

GO INSIDE YOURSELF FOR A JOURNEY
TO FIND YOUR HAPPINESS.

JN058489

Clover
クローバー出版

あなたは、すべて
あなたは、意識
あなたは、創造者

しあわせを
創造する
note

Amy Okudaira

はじめに

私の人生に幸せなんてない、仕事も人間関係もつらいことばかり、魔法を使って、私の周りを全部変えてくれなければ幸せなんて絶対にやってこない、なんて思っていませんか？
残念ながら、そう考えている限り幸せも豊かさもやってきません。

生きていると、大変なことも嫌なこともあると思います。人生は辛いと感じることも、一度や二度ではなかったかもしれません。
でも、本当は幸せも豊かさもみんなあなた次第なのです。
なぜなら、あなたの心の通りに世界は変化するから。

それなのにどうして幸せも豊かさも感じられないかというと、普段、みなさんは起こる出来事に「ただ反応してしまっている」から。
まずは、反応してしまっている自分に気づき、それをやめたら、どう捉えるか、どう考えるかは主体的に選べるのです。

あなたの考え方、捉え方、心の使い方次第で、毎日は変わり、毎日が変われば人生は変わります。
あなたは、そうして人生を創造していく力を最初から持っているのです。
幸せを見つけ、それをただ選ぶだけなのです。
すべては、あなたの選択にかかっています。

でもほとんどの人は、自分の創造の力に気づかず、現実に起こることにただ反応し、人生に翻弄されながら一生を終えます。

そんな中、あなたがこのワークブックに辿り着いたのは、過去世から、そして現世でも、あなた自身が「ほんとうのこと」に対する感度を上げるという積み重ねをしてきたから。

あなたが今この本を読んでいるのも、原因は「あなた」なのです。

そしてあなたは、自分の意識を拡大させて、高めていくことによってのみ、自分の精神の次元を上げていくことができます。意識を拡大する、というのは、今まで気づいていなかったことに気づくようになっていく、ということ。

自分の思考と心の動きを見つめ、そしてその思考をちゃんと選んでいけば、あなたの精神次元は上がり、創造者としての自分を思い出すでしょう。

あなたの人生を創造しているのは、他でもないあなた自身。

あなたが幸せになれば、あなたの世界は幸せになります。

このワークブックで、幸せの創造の方法、豊かさの創造の方法を身につけていき、創造者である本当の自分を思い出していきましょう。

Amy Okudaira

contents

> あなたは
> 幸せを創造
> する力を
> 持っている

◆幸せは、あなたの中にしかない

//

幸せになりたい、人は誰でもそう思いますね。
そして、幸せになるために願いを叶えたいと思う人も多いでしょう。

願いが叶ったら幸せと考える人は多いのですが、そこに、最初の大きな誤解があります。

誰しも、願いが叶ったら幸せになると思っていますが、実際はそうはなりません。

諸行無常、という言葉を聞いたことがあるかと思いますが、すべての物事は変化していきます。
あなたがどんなに望んだものを手に入れても、そのものや状況は必ず変化します。

ですので、願いを叶えてもそれが続くということはあり得ないのです。

一時は幸せを感じたり、満足するかもしれないけど、それは必ず変化するので、そこからまた別の願いを持って、それを求める、その永遠の繰り返しであり、決して幸せになることも満足することもできません。

また、立派な仕事についていても、理想的なパートナーがいても、たくさんお金を持っていても、幸せな人もいれば幸せでない人もいるのを、あなたもたくさん見たことがあると思います。
それはなぜかというと、幸せかどうかというのは、状況に依存するのではなく、あなたの心に依存するものだからです。

願いが叶うことと、幸せは全く関係のないことなのです。

あなたが幸せかどうかは、現実が決めることではなく、あなたが決めることなのです。
願いが叶わなくても、お金持ちにならなくても、欲しいものが手に入らなくても、なりたい自分になれなくても、今すぐ幸せになることができます。

願いが叶ったら幸せになるのではないのだとしたら、幸せはどこにあるのでしょうか？

幸せというのは、ものや誰かがもたらしてくれるものではなく、あなた自身が感じるものであり、あなたの中にあります。

そして、あなたの中にしかないものです。

願いを叶えて幸せになりたい、という思いは、ここで思い切って手放しましょう。

今のまま、今の自分で幸せになる、そう覚悟を決めてください。

あなたを幸せにできるのは、本当にあなたしかいません。

ものや状況や他人に幸せを探しても、絶対に見つかりません。

あなたの内側へ幸せを見つける旅に出かけましょう。

◆幸せを創造する方法

////////////////////////////////

幸せになることは全く難しいことではありません。

あなたが今幸せだな、と感じれば、もうそこに幸せはあるのですか
ら。

あなたが「今」楽しんでいれば、楽しみを創造しているということ。

あなたが「今」幸せであれば、幸せを創造しているということ。

あなたが「今」喜んでいたら、喜びを創造しているということ。

具体的にどうするのかというと、最初のステップとして、今のあな
たの生活の中、あなたの手の届く範囲の現実の中で、あなたが、本
心から幸せだな、楽しいな、嬉しいな、と思えることを毎日探しま
しょう。「本心から」というのがポイントです。

カメラマンが、美しいものや、自分の撮りたいものを探してシャッ
ターを切るように、自分にとっていいこと、嬉しいこと、感動する
ことなどを、自分から探して、そして、それを意識して心に写して
いきましょう。

本当に嫌だと思っていることを好きになろうと努力する必要は全く
ありません。

ただ、嫌なことを考えている時間を減らす努力はしてみましょう。

嫌なことを考えるかわりに、自分の好きなことだったり、自分がいい気分になれることに目を向け、そのことを考えたり、感じたりするようにしていきましょう。

できる限り、「自分から、今の現実の中に、いいと思えること、いい気分になれること、幸せを感じること」それらを意識して探していく、ということがとても大事です。

こうして、いいこと探しを続けていると、あなたは、自分自身が幸せな気分でいられる時間がだんだんと増えてきます。

自分から幸せを見つける、そして、その幸せを感じる。
それが、あなたが幸せになる最初の一歩であり、永遠のプロセスであり、あなたが求めている幸せの完成形でもあるのです。

◆大きな幸せと小さな幸せ

あなたは、今、幸せには大きいものと小さいものがあると思っているかもしれません。

もちろん、あなたがこれから毎日の生活の中で、自分から幸せを感じるようにしていけば、あなたが感じ取ることのできる幸せは大き

くなっていくでしょう。

でも、それは、小さかった幸せが大きくなる、というよりは、そもそもそこにある幸せについて、あなたが気づくことができる範囲が大きくなる、ということなのです。これこそが、意識を拡大させていくということ。

そもそも幸せが小さかったり、大きかったりするわけではなく、それは同じ一つの幸せで、ただ、あなたの見方や感じ取れる範囲が変わるだけなのです。

幸せはどこにでもあるのですが、ほとんどの人はそれを見落としています。でも、あなたが意識して見つけようとすれば、それは見つかるのです。

ですので、あなたが感じる小さな幸せも、小さな幸せだと馬鹿にするのではなく、大切に育てて、大きな幸せにしていきましょう。

◆心によって世界は創られる

///

あなたの心によって、目に見える世界は創られます。

思考であっても感情であっても、あなたの本心の通りに、現実に反映されていきます。

なぜそうなるのかというと、究極的にはすべてはひとつ、つまり、目に見えている他人も世界もすべて、自分の内面だからです。

今すぐ、このことは理解できないかもしれませんが、自分の心を意識して変えていけば、それが現実に反映されていきますので、そのとき、これが「ほんとうのこと」だとわかるでしょう。

そして、自分の心に、最高のものから最低のものまである、というのは、自分を振り返ってみれば誰もが感じることだと思いますが、良い現実を映し出していくには、あなたの良心に従うということがとても大事になってきます。

人生は選択の連続ですが、上から下まである自分の心の中で、できる限り良い心に従って何事も選んでいきましょう。

自分の心に従う、ということはとても大事なことですが、悪い心に従っていては、悪い現実を映し出すだけ。

そこに、幸せも成長もありません。

自分の中に低次元の心から高次元の心まで重なって同時に存在して

いるので、自分次第で簡単に低次元へ落ちてしまうこともあります。
だから、常に上の次元の心を選ぶ、最高のものを選ぶには、やはり
それなりの練習や積み重ねが必要になってきます。
大学受験や資格試験などと同じで、一定の努力を積み重ねた末に、
精神次元の上昇があるのです。

心に従えばいいからといって、自分さえ良ければいい、わがままで
いい、ありのままでいい、という心でいると、残念ながら永遠に成
長はありません。
もちろん、あなたの中には既に最高の心があり、その意味ではあり
のままで完璧なのですが、その最高の心を自分で選び取っていく努
力が大事です。

この本に紹介されているワークに継続して取り組むことにより、確
実にあなたの精神次元は上昇していきます。本を読むだけでなく、
実際にやってみる、ということが何よりも大事になってきますので、
全部やってもいいし、あなたのやりたいものだけでもかまいません
ので、地道に継続して取り組んでいきましょう。

ワーク1 自分が幸せを感じるものの リストをつくってみる

あなたが幸せを感じるもののリストをつくってみましょう。毎日の自分の生活の中で、自分の好きなものや好きなことを書き出してください。

ポイントは、自分一人でそれが達成できることであることです。誰かに何かをしてもらって、幸せを感じようとするのではなく、他人や出来事に関係なく、あなたが自分から幸せを感じようとして感じることができることをリストにしてください。

誰かに何かをしてもらった、とか、こんなことがあった、それに幸せを感じることは、それがすでに起こったことであるならいいのです。それに幸せを感じ、感謝していれば、あなたはさらに幸せを創造していくでしょう。

でも、今はまだ起こっていないことで、それに幸せにしてもらうことを期待しないでみてください。

囫

・気持ちのいい朝日

・清々しい空気

・美しい空

・お気に入りの飲み物を飲むこと、好きな食べ物を食べること

・お気に入りの場所でくつろぐこと

・やりたい仕事ができること

・ペットのしぐさや表情

・子供の寝顔や言動

・観葉植物や道端の草木や花の美しさ

・読みたい本を読む、聴きたい音楽を聴く、見たい映画を見る

・お気に入りの服やアクセサリーで装うこと

・趣味など、好きなことができること

・住む家があること

・バスや電車が毎日動いていること

NOTE
書き込み欄

FUN!

ワーク２　　　　**実際に幸せを感じる**

ワーク１にリストアップしたものを、毎日できる限り実際に見たり、やったりしてください。そして、それによって、楽しいな、幸せだな、心が喜んでいるなという状態をしっかりと感じてください。

無理に幸せを感じるのではなく、これまであまり意識していなかったり、当たり前だと思って見過ごしていた幸せを再確認していくような感じです。

また、ワーク１でつくったリストですが、実際にやってみたらそうでもなかった、というようなこともあるかもしれません。その場合は、リストをどんどん修正していきましょう。

大事なのは、あなたが「今」大好きなもの、「今」心が喜ぶもの、「今」幸せを感じるもの、それを自分で知って、そこへ自分から積極的に意識を向けていく、ということです。

ワーク3　自然の美しさを感じてみる

自然の中には、美しさが溢れています。

自然というのは、地球上のすべての人に与えられている恩寵だと言ってもいいかもしれません。そして、そこに幸せを感じることは、とっても簡単なことなのです。

毎日空を見上げてみましょう。そして風の心地よさや、光のきらめきを感じてみましょう。

毎日、好きな時間に空の写真を撮って、その美しさを目や胸に刻んでみましょう。また、いつもより意識して、いつもあなたが通る道にそもそもある、植物に意識を向けてみましょう。それは、あなたが思っているよりたくさんの種類があり、そして、あなたが思っているより美しいでしょう。

また、週末やお仕事の休みの日に、もしできるなら、少し足を延ばして、自分の見たいと思う美しい景色を見に行ってみてください。何も考える必要はなく、美しいものをただ美しいと感じるだけでいいのです。美しいものへの感度を上げていくワークです。

 ワーク4　　瞑想する

瞑想を始めてみましょう。

瞑想は、あなたが自分自身の思考と心を静かに見つめること、そして、あなたの幸せの感度を上げるためのひとつの有効な方法です。

瞑想を難しく考える必要はありません。

いつもよりも少しだけ丁寧に座り、いつもよりも少しだけ丁寧に呼吸をし、目を閉じて、静かに自分自身に向き合う時間をとる、と考えましょう。ただ、忙しく目まぐるしい生活の中で、一日約十五分ほどでも静かに座って、自分に向き合う時間を持つ、そのこと自体がとても大事なのです。

そして、出来る限り毎日それを続けていきましょう。

瞑想すると、いつもせわしなく動き回っている思考がだんだんと静まってきて、自分自身の思考が見えやすくなってきます。瞑想しな

がら、今こう考えている、こう感じている、ということを、自分自身で認識していきましょう。

まずは、自分の状態を認識することから始まります。

そして、瞑想を続けていると、余計な思考が減っていき、自分が研ぎ澄まされていき、大事なものを受け取りやすいという状態へ入っていくことができます。

瞑想の究極の状態は、自分という認識が消えている状態ですが、そこまで至らなくても、リラックスできてストレス解消したり、直感力が鋭くなったり、集中力が高まったり、余計なことを考えなくなりメンタルが強化されたりと、良い効果があります。

瞑想には、自分の好きなヒーリング系の音楽を使ってもいいですし、本書付属の音源をダウンロードして活用してみてください。

またもちろん、無音でもかまいません。

あなたなりに心地よい瞑想方法を見つけましょう。

また、どうしても瞑想する時間がない、瞑想する気になれない、という場合は、意識してゆっくり数回呼吸してみる、というところから始めても大丈夫ですよ。

ワーク5　何でもない毎日を祝ってみる

誰にとっても平等に今日という日が過ぎていきます。
その中には、すごくいいことがあった日もちょっといい日も特別なことは何もなかったという日も最悪の日だったということもあるでしょう。

そんな何もなかった当たり前の日こそ、祝ってみましょう。
もし最悪の日だったのなら、その中に最高を見つけましょう。そして、当たり前の毎日に感謝してみましょう。

特別なことは何もなかったその日の夜に、例えばちょっと特別なお気に入りの飲み物や食べ物を用意して、その日を祝ってみましょう。
何かがあったから特別な日になるのではなく、あなたが特別だなと思ったらその日は特別になります。

ワーク6　ゆっくりお風呂に浸かってみる

いつもいろんなことを考えすぎていて、不安で頭がいっぱいという人も多いかもしれません。でも、考えてもわからないことはわからないのです。

そう割り切って、ゆっくりお風呂に浸かりましょう。お気に入りの入浴剤を使うのもいいですね。そして、そのお湯の中の心地よさを感じてみてください。ただただ、心と身体が解放される感覚に浸り、何も考えずにその感覚に身を任せてみましょう。

ただ、今ここで、心地よさを感じましょう。

ワーク7

ゆったりとした気持ちでコーヒーやお茶を淹れる

家でも職場でもいいので、ちょっと時間をとって、丁寧にコーヒーやお茶など、自分の好きな飲み物を淹れてみましょう。豆や茶葉や器にもちょっとこだわってみましょう。

そして、それをただゆっくりと味わってみましょう。

飲み物が口から喉を通り、身体の中へ入っていくのをただ、感じてみましょう。

たった一杯の飲み物の中に、美味しさも幸せも豊かさも、全部詰まっているのを感じてください。

ワーク8　何かに没頭する時間をつくる

歩く、スポーツをする、絵やマンガを描く、日記を書く、手芸、園芸、読書、はたまた携帯のゲーム。

どんなことでもいいのですが、何かに没頭する時間というのを持つようにしてみてください。余計なことを考えていない時間をあえてつくっていきましょう。

ゆっくり時間がとれる夜に、電気を消して、キャンドルを灯してみるのもいいですね。ゆらゆら揺れる炎を見ていると、頭がからっぽになり、時間を忘れることができます。

Memo

あなたが
創造の源

◆自分が自分の現実を創っていることを理解する

ピーマンを思い浮かべてください。あなたはピーマンについて、どんな思いを持っていますか？　つやつやして美味しい野菜ですか？それとも、苦くて美味しくない野菜でしょうか？

例えば、あなたはピーマンが好きで、あなたの友人はピーマンが嫌いだとします。ピーマンはピーマンです。でも、同じピーマンを前にしても、あなたと友人が感じている現実、創造している現実というのは全く違いますね。

あなたは好きなものを目の前にして、嬉しい現実を創造し、友人は嫌いなものを目にして、嬉しくない現実を創造しています。

次に、あなたの嫌いな人を一人思い浮かべてください（仮に A さんとします）。そして次に、A さんの大事な人（両親や恋人や配偶者や

子供など）を思い浮かべましょう。

あなたにとってＡさんは嫌な人でも、Ａさんの両親にとっては、大事な子供ですね。同じＡさんを前にしても、あなたと、Ａさんの両親が直面している現実は全く違うでしょう。

また、誰かに「頑張って」と言われたとしましょう。もしあなたが、自分が何かミスをしたり、思うように事が運ばないときにこのセリフを言われたとしたら、あなたは「自分がダメってことなのかな」と感じて、いい気分にはなれないかもしれませんが、自分の夢に前向きになっているときにこう言われたとしたら、応援されている、と感じて、いい気分になれるでしょう。

同じことを言われたとしても、自分の状態によって、あなたの創造している現実、というのは全く異なってきます。

このように、あなたの現実を創っているのは、他人や事実や出来事ではなく、あなたです。あなたの受け止め方なのです。外で起こった出来事に、あなたの現実を創る原因は絶対にありません。

あなたの視点、あなたの受け取り方、あなたの感じ方が、すべてを決めているのです。

また、あなたの感じ方が現実を創っているのと同時に、あなたが信じていることがそのまま現実に現れています。

仕事とはつらいものだと、もしあなたが信じていたら、あなたにとって仕事はつらいものですし、お金を稼ぐのは大変なことだと信じていたら、あなたにとってお金を稼ぐのは大変なことでしょう。

人間関係で言えば、自分の夫をだらしない夫、と思っていれば、夫はそうなっているし、意地悪な義母だと思っていればそうなっています。怒りっぽい上司と思っていれば、その上司は怒りっぽい上司ですし、使えない部下だと思っていれば、その部下は使えない部下なのです。

あなたの頭の中身と、目の前の現実や、目の前の人の性質、それは必ず一致しています。

現実が先で、あなたの頭の中身があと、ではありません。
常に、あなたの本心から信じていることがあって、それと、現実が一致するのです。

◆自分の出している波動と同じものを受け取る

波動とは、あなたの思考や感情の状態によって変化する、あなたの雰囲気です。あなたが発している振動、周波数です。

ラジオのチューニングを合わせると、特定の局を受信できるように、あなたが自分自身の出している波動によって、それに合うものを受け取ることができます。

つまりあなたが、例えばウキウキワクワクな波動を発していれば、それに合う現実が返ってくるのです。逆に、怒りの波動を発していると、それと同じものが返ってきてしまうでしょう。

何が起こったかというのは関係なく、それに対するあなたの受け止め方、思い、感情、そしてそこから出ている波動によって、それと同じものが返ってきます。

ショックな出来事が起こったとして、それに対して、「最悪だ、人生もう終わりだ」と考えるのと、「まあ、人生こんなこともあるさ」と考えるのでは、そこから抱く感情も違いますし、もちろん波動も変わってきます。

すると、同じことが起こったとしても、あなたが創造する現実は大きく変わるのです。

自分自身の波動と全く同じものを創造することを、忘れないようにしましょう。いつも、自分がどんな波動を出しているのかな？　ということを気にしてみてください。

もしあなたが、自分で幸せや豊かさを創造することができるようになれば、あなたの精神の次元は上がっていきます。
そうして、あなたの精神次元が上がってくると、あなたの意識の範囲は大きくなり、入ってくる情報や出会う人もその次元にあったものになってきます。

そして、感じることのできる幸せの範囲も大きくなってきます。
あなたは、自分の波動をコントロールすることによって、あなたが創造する現実を選んでいくことができます。
どんな現実の中に生きるかは、常にあなた次第なのです。

◆自分の思考・感情に自分で気づく

自分が自分の現実を創造しているということ、それが本当に腑に落ちてくると、あなたは、自分の頭の中身に意識が向き始めます。
外側で起こった出来事ではなく、自分の受け止め方に意識が向き始めたら、それはとってもいいサイン。

まず、自分が自分の現実を創っている、ということを徹底的に落とし込みましょう。そして、自分の頭の中身に意識を向けていきましょう。

外で起こる出来事や、他人の言動ではなく、「自分が何を考えているのか」「自分が何を感じているのか」、できるだけそれに気づいている状態をつくっていきましょう。

◆いいこと探し、感謝探しの習慣をつける

たとえ、いつもの平凡な毎日でも、あなたが、「いいこと」や「ありがたいこと」に注目し始めるだけで、あなたの波動はだんだんと変わってきます。

今は信じられないかもしれませんが、あなたの現実が、他の人から見て全く変わっていなかったとしても、あなたが、あなたの見方を変え、あなたの頭の中を変えていくだけで、あなたから見える現実、というのが変わってくるのです。

さきほど見てきたように、あなたの現実と、あなたの頭の中身というのは、常に一致しているからです。

「あなたが今選択した波動」が、あなたの現実を創造しますので、あなた自身が今のあなたの現実の中の「幸せなこと」「喜べること」「穏

やかな気持ちになれること」「自分の好きなこと」等に目を向け、そのようなことで頭をいっぱいにし、そして、幸せや喜びの波動を発していれば、あなたの人生は簡単に喜びに満ちていくのです。

外側のことで、変えるべきことは何もありません。ただ、あなたの意識の向け方を少し変えていくだけでいいのです。

あなたの頭の中身が、嬉しかったことや楽しかったこと、自分の好きなもののこと、楽しみなこと、ありがたいなと思ったことで溢れていくと、あなたは、ウキウキしたり、ワクワクしたり、ニヤニヤしたり、ルンルンしていたり、穏やかだったり、幸せだったり、というような状態に自分を置く時間が多くなっていきます。

そのような状態を、波動の高い状態と言います。

ワーク9

目の前の現実と自分の頭の中身が、一致しているかどうかを確認していく

家、車、服、家族、その他の人間関係、職場、仕事など、なんでもいいので、あなたの周囲にあるものや周囲の人間関係、それらについて自分の思うことを素直にそのまま書いてみましょう。

例えば、家なら、《駅からは近いけど、狭い2LDK》と思っているとします。

そして、現実を見てみてください。それと、現実というのは、ぴったり一致しているでしょう。
例えば、自分の職場を《変化のない面白くない仕事と、代わり映えのしないメンバーのいるつまらない職場》と思い感じているとすれば、現実はぴったりとそれに一致しているでしょう。

自分の周囲を見渡してみて、自分の思いや感じ方と、あなたの目の前に現れている現実が一致している、ということをひとつひとつ確認していきましょう。

NOTE
書き込み欄

FUN!

ワーク10 いいことノート 感謝ノートをつける

ワーク9で、とにかく、自分の頭の中と現実が一致していることがわかりました。次にするのは、あなたの頭の中身を、自分にとっていいことでできるだけ満たしていくことです。

これから毎日、その日に起こった出来事や、他人の言動に対して、自分が「よかったな」「嬉しかったな」「ありがたかったな」と思うことを一日に5個以上見つけてみてください。そしてスケジュール帳などに書いていきましょう。
すでに起こった出来事や、目の前にあるものの中で、あなたにとっていいこと、そして、あなたをいい気分にしてくれるものに注目していきましょう。

無理やりいい気分になったり、本心からそう思っていないのに、感謝するフリをするのではなく、本当に気分がいいこと、嬉しいこと、ありがたいことは何か、あらためて探していきましょう。

例

・朝起きたら晴れていて気持ちが良かった

・曇り空で暑さがやわらいだ

・お弁当が上手につくれた

・仕事がスムーズに進んだ

・髪型が決まった

・子供の笑顔に癒された

・欲しかったものが買えた

小さいいいことから、大きいいいことまで、どんなことでもかまいません。

すでに実践している方も多いかもしれませんが、これをはずすことはできないため、すでにやっている人はそのまま、やっていない人は必ずやってみてください。

何もいいことがないと思うような日でも探せば必ずあります。例えば「電車が定時に運行していた」というようなことでも、十分にいいことです。多くの人が働いてくれていることにより、それが実現しているわけですから、とてもありがたいことです。

そして、大事なのは続けることです。3週間以上続けてみましょう。人間の身体の働きとして、例えば体温がほぼ一定に保たれるように、

恒常性を保つという機能があり、いいこと探しを始めて、少しいい気分になっても、それを今までの状態へ戻そうという機能が働きます。しかし、続けることによって、3週間を超えたあたりから、いいことに目が向いている状態、というのが普通になってきて、今度は、いいことに目が向いておらず、悪い気分の状態になったときに、それを、いい気分へと戻してくれるようになっていくのです。

そして、あなたが、現実の中で「いいこと」に目を向ける時間が長くなればなるほど、現実にいいことが多いな、と感じるようになりますので、それを感じることができるまで、いいこと探し、感謝探しを続けていきましょう。

ワーク11   とにかく笑えることを見つけて、笑ってみる

お笑いやマンガや本やテレビ番組など、なんでもいいので、自分が
笑えることをいくつか探して、そして、実際に笑ってみましょう。
できる限り、おなかの底から笑えるようなことがいいでしょう。
やってみると、自分がいかに笑っていなかったか、気づく人もいる
かもしれません。笑う門には、本当に福がきます。あなたが笑えば、
現実も笑います。

すべてはうまくいっているということを、信じられるようになって
くれば、自然と心配しないで笑っているという状態になっていきま
すが、それまでは、「自分から、楽しいことや笑えること」を積極的
に見つけていきましょう。

ワーク 12 　今あるもので、なくなったら困るものは何か

あなたの今持っているものや、自分の能力や性格や性質、そして人間関係の中でなくなったら困るものは何ですか？
それを書き出してみましょう。

例
・家族　　・恋人や友人
・大切なもの　　・自分の能力や、自分の好きなところ

人やものなどは、具体的に固有名詞で書いていきましょう。
自分の能力や好きなところも具体的に書きましょう。
いくつあってもかまいません。
そしてもし、それらがなくなったら、あなたはどんな気持ちがするでしょうか？　なくなったら困るし、相当な悲しみや喪失感を感じるでしょう。つまり、あなたはすでに「素晴らしいもの」を持っているのです。あなたは、あなたが幸せを感じるものをすでに持っています。そうしてあなたが、幸せを感じて、幸せの波動を発すれば、あなたは幸せを引き寄せ続けるでしょう。

NOTE
書き込み欄

FUN!

ワーク13　眠りにつくときのワーク

睡眠の時間、そして質というのはとても大切なものです。まずはゆっくりお風呂に入って1日の汚れを落とし、自分にとって心地よいパジャマ、そして寝具を整えましょう。

そして寝る態勢に入ったなら、今日あったいいことを思い返してみましょう。そして幸せな気持ちで、眠りにつきましょう。

ワーク14　目覚めたときのワーク

朝起きたときに、どんなことを意識するかによって、その日一日が変わってきます。今日を楽しい日にしたいのか、嬉しい日にしたいのか、やる気が漲った日にしたいのか、穏やかな日にしたいのか、自分自身で決めましょう。

そしてその日何が起こったとしても、その感情を自分で選択することを続けていきましょう。

ワーク15　美術館や博物館に行ってみる

最近、美術館や博物館に行ったのはいつですか？　芸術なんて理解できないから、と敬遠している人もいるかもしれませんね。でも、理解する必要なんてないのです。あなたがただ感じたこと、それが唯一の答え。

作品を見て、それを自分がどう感じるか丁寧に確かめていく、それだけでいいのです。そしてそれが、あなたに心の栄養をもたらします。

実際に行くのが難しければ、本やネットで美術品を鑑賞してみましょう。

ワーク 16　　誰かを褒めてみる

これから会う予定の人がいたら、その人のいいところを見つける、と決めてみてください。
そして、実際に会ったときに褒めてみましょう。

今日も元気そうですね、服のセンスがいいですね、など、どんな小さなことでもかまいません。褒めるぞ、と決めて人を見ると、ちゃんと褒めるところが見つかりますよ。
そして、あなたが他人のいいところを見ようと心がけるようになると、他人もあなたのいいところを見てくれるようになり、良い循環が生まれてきます。

ワーク17　日々の生活を丁寧にする

例えば、履き物を揃えてみたり、洗濯物をきちんと畳んでみたり、食事のときに食器を美しくセットしてみるなど、あらためて、日々の暮らしを丁寧に生きる、ということを考えて実践してみましょう。

そして例えば、履き物を揃えるのだったら、そのとき、自分がどんな気持ちでその靴を買ったか、その靴を履いてどんなところへ行ったのか、思いを馳せてみましょう。その靴は、たくさんの素敵な時間をあなたと共に過ごしたはずです。

ただ無意識に生きているより、このように考えると意識が拡大して、今まで見えていなかった喜びや豊かさが見えるようになっていきます。
毎日完璧にしなくてはいけない、という意味では全くありません。
ルールを決めてそのルールに従うことが目的になってしまうと、幸せを創造するということとは別のことになってしまいます。そうではなく、ふと思い立ったときで構いませんのでやってみましょう。

ワーク 18　　手づくりしてみる

毎日の食事の中で、手づくりするものを増やしてみましょう。

ケーキやパンをつくってみたり、ドレッシングを手づくりしてみたり、納豆や豆腐や味噌など、なんでもかまいませんが、普段は購入しているもので、自分でもつくれそうなものをつくってみましょう。それをすることで、普段食べているものがどんな材料でどれほどの手間をかけてどのようにつくられているのか、ということに意識を向けることになり、これまでただ食べていたのと比べると、意識が拡大していきます。
例えば豆腐をつくってみると、大豆から豆乳をつくり、それをあたためてニガリを入れて固めるのですが、かなり大変な作業だということがわかります。そして、それがわかると、豆腐屋さんがいかにいつも頑張ってくれているのか、スーパーで売っている1パックいくらの豆腐はなんとお得なのか、感じることができます。

ずっとそれを続けなくてはいけない、という意味ではなく、一度でも体験してみるというのが大事です。

マイナスの
思考を手放し、
波動を
改善していく

◆嫌な感情は、「望むものから意識がずれていますよ」というサイン

これまで、小さな幸せを見つけたり、日常の中のいいこと探し、感謝探しを続けたり、瞑想をやってきたあなたは、もしかすると、以前よりイライラすることが少なくなったな、とか、感情が大きく落ち込むことがなくなったな、とすでに感じていらっしゃる方もいるかもしれません。

変化を感じていてもいなくても、毎日の生活の中にいいことや感謝できることを見つけて、幸せを感じる、これはずっと続けていきましょう。

あなたが幸せを見つけ、感じていくこと。
それを邪魔するのが、日々生活していると湧き起こってくる、あなたを嫌な気分にする感情です。イライラ、ムカムカ、モヤモヤ、不

満、心配、悲しみ、などを、意識的にできるだけ減らしていくことにより、あなたの波動をさらに良い状態に保つことに取り組んでいきましょう。

これらは、もちろん、持ってはダメな感情ではなく、自然と湧き起こるもので、抑えつける必要は全くありません。
これらの感情は、「幸せから意識がずれていますよ」と教えてくれる大事なサインです。

しかし、多くの人は、そのイライラやモヤモヤの原因を追究したり、それを解消するために、他人を変えようとしてしまいがちです。

この、イライラやモヤモヤを自分の中に長時間ためたり、そして、他人を変えようとしたりするとき、あなたの波動は下がってしまうのです。そうすると、幸せの流れを自分自身で遮ることになります。

ですので、意識して、イライラやモヤモヤが湧き起こってきたら切り替えていく、ということを徹底して行っていきましょう。

◆できないと思うからできない

//

取り組み始めのころは、少し苦しいかもしれませんし、無理やりやっているように感じるかもしれませんが、これは最初だけで、ある程度の期間（人によりますが、１〜２か月）これを継続していると、自然とできるようになりますので、最初は頑張ってください。

これまでと違うことをするので、慣れるまでは落ち着きませんし、私自身も「こんなことをして何になるのだろう？」と、くじけそうになったときもありました。それほど、私たちは、嫌なことがあったら嫌な気分に自動的になる、ということに慣れ切ってしまっているのです。

感情なんてコントロールできない、だから波動を高く保つのなんて無理だ、と思うかもしれませんが「自分の波動が、自分の現実を創造する」と本当にわかればコントロールできます。

瞬間的に湧き上がってくる感情は、もちろんコントロールできないと思います。しかし、その後の切り替えについては、誰でも練習していけばできるようになるものです。

人によってはとてもきつく感じるかもしれません。なぜなら私が不幸なのはあの人のせい、とか、自分が嫌な気分なのは、あんな出来

事があったせい、と考えるほうがラクだからです。しかし、そうした被害者意識から脱出しない限り、あなたは、本当に望む幸せを手に入れることはできません。

もし今悩みがあるとしたら、それはどうしてなのかというと、それはあなたが悩んでいるからなのです。

幸せは、幸せを選ぶ人のところにやってきます。
悩みは、悩みを選ぶ人のところにやってきます。

幸せを選ぶ人はずっと幸せですし、幸せを選ばない人は不幸です。
どちらを選ぶかは、あなただけにかかっています。

外側のことは、あなたの幸せには一切関係ありません。覚悟を決めて、自分の幸せは自分の責任だということを改めて実践していきましょう。

◆嫌なことが起こったときの対処法を知る

自分にとって嫌なことがあり、そして嫌な感情が湧き上がってきた時に、どのように自分をコントロールしていくかを知りましょう。あなたが嫌な感情を改善していく方法は以下の5つです。

①不安や怒りなどの感情に飲み込まれるのではなく、ちょっと自分自身を外側から見てみるような気持ちで「今、不安なんだな」「今、怒っているな」と一歩引いて自分を観察してみる。

②嫌な感情が起こったその出来事については一旦脇に置いておいて、今ある自分の現実の中の別のところで、あなたが幸せな気持ちになることを思い出す。

例

・恋愛はうまくいっていないけど、楽しい時間を過ごせる友人はいるな

・仕事がうまくいっていないけど、仕事のあとにスポーツクラブで汗を流せる時間は好きだな

③嫌な出来事に対して、別の見方を探してみたり、それが何かいい
　出来事につながっているかもしれないな、と考えてみる。

例

・仕事でミスしたけど、そのおかげで、ひとつ仕事を覚えることが
　できた
・旦那にむかつくことを言われたけど、なんだかんだ言ってもこう
　して話ができる人がいるのはいいことだ

④嫌なことを考え続けていても自分にとって何もいいことはない、
　と言い聞かせて、他のことで自分を忙しくしたりして、できるだ
　け早く嫌なことを頭から追い出す。そのことは考えない。

例

・嫌なことを忘れて、美味しいものを食べに行く、旅行に行く、仕
　事に没頭する、趣味に打ち込む、等

⑤嫌な人に対して、その人は自分の中にある何かを見せてくれている、と考える。

例

・怒られて嫌な思いをしているのなら、本当は自分も怒りたいことがあるのに、それを溜め込んでしまっているのでないかと考える
・パートナーのお金遣いが荒くて悩んでいるのなら、自分が買うものを我慢しているのではないかと考える
・もし誰かに批判されて嫌な気分なら、自分が自分を批判していないかと考える

これら①〜⑤のうち、そのときそのときで、自分のできることを実践してみてください。嫌な感情に浸り続けないために、できることはなんでもやりましょう。

◆人を変えようとしない

//

私を悩ませるあの人が変わってくれたらいいのにな、そしたら幸せ
になれるのに、と考えている人は多いかもしれません。
その気持ちはわかりますが、残念ながら、そのままでは幸せを創造
することはできません。

他人の思考に入り込んだり、他人の波動をあなたが変わって出して
あげることはできません。ですので、他人は絶対にコントロールで
きない存在なのです。コントロールするのはあくまで自分です。

自分の波動が高い状態で整ってくると、外側で起こっていることが、
だんだんと気にならなくなってきます。そして、何か悪いことが起
こったとしても、ジタバタしても仕方がないと思え、今まで問題だ
と思っていたようなことも、問題だと思えなくなります。
最初にどんなものも必ず変化する、ということをお伝えしましたが、
問題も必ず変化します。ずっと今のままということはあり得ません。

「あの人を変えたい」と思うということは、あなたは宇宙に「今幸せ
でない！」と放っていることになり、それをそのまま創造してしま
うのです。それに本当に気づけば、他人や出来事をコントロールし
ようという思いはなくなっていきます。

◆完璧を目指す必要はない

このように、嫌なことでもいい部分を探したり、そのことを考えたりするのはやめましょう、というと、少し悪いことを考えただけで「私はできていない、だめなんだ……」と思ってしまう人もいますが、その考え方こそが、波動を下げてしまう原因です。

誰だって完璧な波動を保つことなんてできませんし、少し悪いことを考えたくらいで、それを現実に招き入れることはありません。

あまり、波動を高く保たなければ、と思い詰めると、逆方向へ行ってしまいますので、気楽に楽しむ、という姿勢がとても大事です。できてない自分を責めるのではなく、少しでもできたな、と思うなら、大げさに自分を褒めてあげましょう。

いいこと探しや感謝探しをすることに加え、嫌な感情にきちんと対処していくことで、あなたの波動はどんどん良くなっていきます。それにつれて、あなたはさらに幸せを創造していくことができます。

幸せの波

ワーク 19

イライラ・モヤモヤがあったら、 気づいたか、毎日確認してみる

自分の嫌な気分を改善していくための最初のステップは、自分が嫌な気分であることに気づくことです。

多くの人は、自分で気づかずに、イライラやモヤモヤに飲み込まれてしまっています。

あなたが、イライラやモヤモヤに支配されて、それに自分で気づいていない状態ですと、あなたはイライラやモヤモヤを引き寄せている状態ですが、それに気づいた途端、あなたはそこからはすでに一歩離れて、ニュートラルな状態に戻っているのです。

「今嫌なことを考えて、嫌な気分になってしまっているな」と、そう気づくだけでいいのです。

そうすると、もはや、悪いことを創造していない状態です。

モヤモヤを放置してドロドロした波動になる前に、ただ、「ああ、自分は今こんなことでモヤモヤしているな」と気づくだけでまずは大丈夫。

すぐには気づけないこともあるかもしれませんので、その日一日寝る前にでも、今日自分に起こった嫌な感情があったかどうか、確認してみてください。

まずは、それに気づこうとするだけでOKです。

ワーク20

嫌な感情に対する別の見方を探す

自分の波動が現実を創造していることがわかればわかるほど、あなたは、自分の嫌な感情に比較的短時間で気づくようになります。
そして、それに気づいたら、嫌な感情に自分自身で対処していく、ということを徹底していきましょう。方法は、p52 〜 p54 でご紹介したやり方のどれでもかまいません。

嫌な気分を少しでもましにする、ということを徹底的にやってみてください。嫌なことがあったとき、すごくいい気分になる必要はないですが、少しましな見方を探したり、とにかく考えるのをやめて遊びに行ったりしましょう。
このワークは、定着するまで続けていきましょう。

ワーク 21　　　　　悪口、愚痴、批判をやめる

悪口、愚痴、批判をやめようと決めてみてください。

もし何か嫌なことがあったら、誰かに愚痴をこぼす前に、
「どうしてこんなことが起きたのだろう？」
「私がそこから気づかなくてはいけないこと、学ばなくてはいけない
ことは何だろう？」
と考えてみてください。
そう考え始めたら、もはや愚痴を言う気分ではなくなっているかも
しれません。

嫌な出来事も、自分を知るチャンス、自分を成長させてくれるチャン
ス、と捉えていきましょう。

ワーク 22

特定の現実に対する いいことノートを作成する

例えば、職場環境や、夫婦関係などの特定の人間関係など、あなたが今の現実の中でとくにストレスを感じていたり、改善したいなと思う状況がある場合、その中に自分からいいところを見つけていけば、本当にその状況は変わっていきます。

嫌な現実の中にも、あなた自身がいい面を見ていくと、嫌だった現実が良い方へ変わっていきますので、嫌いは嫌いでもいいのですが、その中で、少しでもいい面を見ていきましょう。自分が抵抗を感じない範囲で、少しでも気分の良くなる考え、少しでもその対象についていいところを見つけることができれば何でも良いです。

相手や外側のことではなく、自分を変えていかなくてはいけないので、損したような気持ちになるかもしれませんが、決して損ではありません。これが、あなたが幸せを創造していく方法なのです。

現実の中でとくに改善したい側面：職場環境の場合

例

・人間関係は悪いけど、福利厚生はしっかりしている

・上司とは合わないけど、とっても気の合う同僚がいる

・やりたくないこともやらなくてはいけないけど、土日は休めている

・条件的には不満もあるけど、仕事自体は自分に向いているし、楽しい

・いろいろ不満もあるけど、会社は安定している

・オフィスが綺麗

・近くのお気に入りのレストランでランチを食べるのが楽しみ

思いついたら書き足していきましょう。そして、あなたの頭の中で、いいことに意識が向いている比重が、悪いことより高くなるまで、メモを読み返すなりして、意識的にいいこと探しを続けてください。

・とくに改善したい現実はなんですか？

・その現実についてのいい面を書いてください

FUN!

ワーク 23　要らないものを徹底的に捨ててみる

自分の基本となる生活スペースを整理してみましょう。

自分自身を振り返り、必要なものとそうでないものは何かをゆっくり考えながら、一度不必要なものを徹底的に片付けてみましょう。

本棚や冷蔵庫も、放っておくと乱れがちになってしまうので、自分に本当に必要なものを確認しながら、定期的に整理するようにしましょう。

心地よい暮らしをしていると、心地よい毎日を創造します。

逆に、家の中がものでいっぱいになってしまうのは、心の中がぐちゃぐちゃになってしまっていたり、自分にとって本当に必要なものがわからなくなってしまっているサインです。

ワーク 24　あえて空腹の時間をつくってみる

現代は飽食の時代。冷蔵庫はつねに何か入っていますし、外でもいつでも好きなときに、好きなものを食べられますね。夜中だってコンビニが開いていて、何かを買って食べることができます。

そんな環境で暮らしていると、ほとんどお腹が空いたな、と感じることもないのではないでしょうか？　食事はそもそもお腹が空いたから食べるものですし、お腹が空いたと感じてから食べる食事は、いつもより美味しく、またより感謝を感じることもできます。

そして、空腹の時間を持つと身体のデトックスにもなり、一石二鳥です。もし可能な場合は、半日〜数日のプチ断食に挑戦してみるのもいいでしょう。

豊かさを
創造する

◆毎日を「豊かな気分」で満たしていく

//

豊かさを創造するには、毎日を「豊かな気分」で満たすことを心がけることがとても大事になってきます。

まず、最初にやることは、どんな小さなことでもいいですから、自分が今持っているものや自分ができることへと焦点を移すこと。
簡単なことでいいので始めてみましょう。

「安心して住む家や部屋がある」
「行きたいところへ行く交通手段がある」
「毎日着る服がある」
「仕事があって、給料日にはお金が入ってくる」
「必要な家具も家電もある」
「大切にしているアクセサリーがある」
「お気に入りのかわいい食器がある」

「毎日お腹が空くことなく、美味しいごはんを食べられる」

「時には外食にも行ける」

「たまには旅行にも行ける」

「人生を一緒に楽しむ家族や友人がいる」

「お気に入りのカフェがある」

「お気に入りのコーヒーが飲める」などなど……。

自分の焦点を「持っているもの」「できること」に移した途端、どんどん思い浮かびますね。そう、あなたの持っているものやできることというのはとてつもなく多いのです。

とにかく、すでにある豊かさを意識していきましょう。
そうすることで、「自分はなんて恵まれているのだろう」「大切なものがたくさんあるな」と気づき、自然とありがたさが溢れ出てくるでしょう。

◆お金は減るものではなく、交換し、循環するもの

豊かさといえば、お金を思い浮かべる人も多いかもしれません。お金だけが豊かさではなく、お金は豊かさのほんの一部ですが、ここから、お金を使う、ということについて考えていきましょう。

お金を使う＝お金がなくなった、減った、損した、という風に結びついてしまう人はとても多いですね。

しかし、ここでよく考えてみてください。例えば、1万円の服を買ったとして、1万円を支払うことで、あなたは1万円が減ったと思いますが、そのお金はお店へ循環しただけで、なくなったわけではありません。

そして、1万円は手元から減ったかもしれませんが、あなたは、「欲しかった服」「それを着てウキウキしている自分」という素晴らしいものを手に入れています。

お金というものが、一旦見えないエネルギーに変化して出ていき、そして、また服という見える物質に変化して、あなたに返ってきたのです。そしてそれは、また、「ウキウキした自分」という見えないエネルギーになり……という風に循環していきます。

「お金が出ていってしまった」とだけ、考えることもできます。でも、「お金を支払って欲しいものを手にできて、さらにいい気分になった」というのが事実です。

また、こんな風にも考えてみましょう。
あなたがお金を使って、欲しかったものや必要だったものを手に入れ、あなた自身が喜びを感じているところ。そして、その支払った

お金が誰かに渡り、そのお金はまたその人が欲しいものや必要なものを購入するのに使用されて、その誰かが喜びを感じているところ。そのお金がまた別の誰かに渡って、喜びが生まれているところ……。そんな風に、お金が循環することによって、人々の間で喜びも増えていくところを想像してみてください。

お金が手元から減っても、それは消えたわけではなく循環して、喜びが生み出されている、という観念を自分に植えつけていきましょう。誰かの喜びになっていることを実感することで、お金は減るものではなく、そしてお金を使うことは悪いことではなく、喜びを生んでいく素晴らしいものだと思えるようになってきます。

お金を使うたびに、エネルギーや喜びが循環するところを想像してみましょう。
だんだんと、あなたの信じている思いが、「お金は使ったらなくなるもの」「お金を使うことはよくないこと」から、「お金は使ったら、自分にとって必要なものや経験へと生まれ変わり、そして、他の人にも喜びの循環を与えていくもの」というものに書き換えられていきます。

◆お金の使い方が決め手

日々、いろいろな買い物や支払いをすると思いますが、買い物の第一の基準を「自分の心がときめくかどうか」にしてください。質と好みにこだわりましょう。

少しくらい高くても、自分の本当に好きなものなら、持っているだけで幸せな気持ちになり、長く愛用できます。それらは長い目で見れば、本当の得になるもの。多少値段が高くても、心から欲しいものであれば、あなたの喜びになるのです。

「心が喜ぶものにお金を使う」ということを徹底していると、これまで、不要なものを買っていたことに気づくかもしれません。そして、不要な買い物をしなくなり、ますます「心が喜ぶもの、ときめくもの」に使えるお金が増えていきます。

本当に好きなものにお金を使うと、どんどん気持ちが満たされていきますので、要らないものまで買ってしまう、というようなことは減っていくのです。

税金や光熱費など、ときめかないけど払わなくてはいけないものももちろんあると思います。そうしたものは、そのお金を払うことにより、あなたが得ているものを思い出して、感謝が湧き上がってくるのを感じてみましょう。

また、「ときめく買い物」をするのに、無理する必要はない、というのを忘れないでください。あくまで、自分の今ある収入の範囲で、無理なく出せる額を出せばよいのです。額は今までと同じでもかまいません。でも、そのお金を出すことにより、今までより多く喜びを感じていくのです。

どうしても、予算的に安いものを選ばざるを得ないときは、「安いけど、ここがいい！」という風に、あなたが買おうとしているもののいい面を見つけるようにしましょう。安いから我慢して買うものを選んでしまうと、豊かさを引き離す波動が出てしまいますが、安いし、素敵なものが買えた、と感じれば、それは豊かさを創造する波動になります。

◆今お金が入ってきている手段に感謝する

今、皆さんは生活している以上、必ずどこかからお金が入ってきていると思います。仕事をしている人は仕事から、主婦の方は旦那さんからなど、どこからか入ってきていると思いますが、今入ってきているその手段に、より意識を向け、感謝の気持ちを思い出していきましょう。

私自身、会社員時代は仕事を好きでやっていたわけではなく、生活のために仕方なくやっていましたので、それに感謝することが難しい気持ちはよくわかります。主婦の方も、旦那さんに感謝するのは難しいこともあるかもしれません。

無理に感謝したり、仕事をすごく好きになれという話ではなくて、「（嫌な仕事だけれども）この仕事があるから生活できているな」と、再確認し、少しだけ前向きに捉えるような感じです。
無理に好きにならなくてもいいのですが、やはり今お金が入ってくる手段を前向きに捉えるということをしなければ、豊かさを創造していくことはできません。

◆与える波動を出す

/////////////////////////////

これまでお伝えしてきたように、自分が豊かになれば豊かになりますし、自分が出している波動がそのまま返ってきます。ですから、あなたが、与える波動を出すと、与えられる現実が必ず返ってきます。

しかし、何か見返りを得るために与えてしまうと、それは違うのです。見返りを求めているときは、奪う波動が出ているからです。

例えば、「収入の何％を寄付したら、自分も豊かになる」と聞いたことがある人もいるかもしれませんが、寄付をすることで何かを得ようとすると、結局は奪う波動、不足感の波動になってしまうので、豊かさはやってこないのです。

何かをするとき、与えることを意識するよりも、ただやりたいからやっているという状態になっていることがすごく大事です。「ただ寄付したい、これが誰かの役に立ってくれればいいな」という思いで寄付すると、本当にあなたに豊かさが返ってきます。

見返りを求めて与えようとするよりは、単に毎日を豊かな気分で前向きに楽しく生きる方が、よほど豊かな波動がでます。

ワーク 25

自分の使ったお金が循環して いくのを意識する

最近、何か買い物をしましたか?

その買い物の代金を支払った後、そのお金がどう循環していき、どんな喜びを生みだしていくか、想像して書いてみましょう。

・買ったもの

NOTE

書き込み欄

・そのお金はどう循環していきますか?

ワーク 26

今までの生活の中に、より多くの豊かさを見つける

毎日の生活の中で感じられる豊かさに気をつけて過ごしてみましょう。生活は、これまでと全く一緒でかまいません。ただ豊かさを感じている時間が今までより多くなるようにしてください。
そしてそれを見つけたら書き留めていきましょう。

例
・朝、カーテンを開けたら光が差し込んできて豊かさを感じた
・コーヒーの香りにいつもより豊かさを感じた

NOTE
書き込み欄

FUN!

ワーク27 値段ではなくて、ときめきを基準にして買い物をする

自分の心が喜ぶかどうか、ときめくかどうかを基準にして、毎日の買い物をするようにしましょう。値段が高い、安い、ということは一旦、横に置いておきましょう。ときめくけど、高いと思って今まで選んでいなかったり、逆に高いものがいいものだと思って、ときめかないけど高いほうを選んでいたこともあるかもしれません。

完璧にできなくてもかまいません。今までより、多少でも意識して買い物ができたらOKです！

¥100,000 　 ¥5,000

ワーク 28　　植物を育ててみる

お花でもハーブでも野菜でもなんでもいいので、種を撒いたり、苗を植えたりしてみましょう。最初は、ちゃんと芽が出るのかなと心配するかもしれませんが、植物の生命力というのは相当なもので、数日もするとちゃんと芽が出て、ぐんぐんと育ち始めます。庭がなくても、小さなプランターでも十分です。

その生命力をダイレクトに感じて、豊かさを感じてみましょう。

花が咲いたり、野菜を収穫できたりした時の感動は素晴らしいもので、生命のエネルギーや私たちが生かされているということの豊かさや感謝を感じることができます。

ワーク 29 いつもより、味わって食べてみる

自宅の食事でも外食でもどちらでもかまいませんが、ご飯を食べるときに、目の前の食事について、この食材は誰が育ててくれたんだろう、誰が運んでくれたんだろう、誰が調理してくれたんだろう、ここに来るまでどれ程の時間と人の手がかかっているのだろう、と意識を広げてみてください。

そして食材ひとつひとつに感謝しながら、じっくりと味わってみましょう。そうするだけで、今まで感じることのなかった豊かさを感じることができます。いつもの食事の時間にこれを取り入れるだけで、ものすごく豊かさを創造することができます。

ワーク 30　クレジットカードの明細書を見てみる

毎月送られてくるクレジットカードの請求書。見るのが恐怖だという人も多いかもしれません。でもその怖い気持ちをグッと乗り越えて、じっくり請求書を眺めてみましょう。

そして、先月支払ったあんなものやこんなもの、その支払ったお金で手に入れたものや経験したことをじっくり思い出していきましょう。

そうすると、とてもたくさんのモノや経験を手に入れている、という豊かな実感が湧いてきます。

そのあなたが感じている豊かさが、豊かさを創造します。

ワーク31　プチ贅沢をしてみる

無理しない範囲で、今より少しだけで大丈夫ですので、ちょっとした贅沢を自分に許してみましょう。無理して背伸びしてしまうと、それがストレスになることもありますので、ほんのちょっとした贅沢をして、なんだかほっこりする、そんな買い物や経験をしてみましょう。

また日用品でひとつ、何か自分がうっとりするようなものを選んで、買い替えてみましょう。お箸や財布など、毎日手に取るようなものがおすすめです。そしてそれを使うたびに、うっとりと豊かさを感じてみてください。

ワーク 32　　今の収入の手段に感謝する

今、あなたが日々使うお金はどこから入ってきますか？　仕事で入ってくるという人も、家族から入ってくるという人もいると思いますが、それを書き出してみましょう。

そしてあらためて、感謝の気持ちを感じてみましょう。

・どこから入ってくる？

・どんな風に入ってくる？

NOTE
書き込み欄

FUN!

流れに
任せて、
幸せを
受け入れる

◆自分のものなんてひとつもない

//

最初に、「願いを叶えて幸せになる」という考えを手放しましょう、ということをお伝えしましたが、ここまでワークを重ねてきたあなたは、目の前で起きることに囚われずに、自分自身で幸せを創造するということがどういうことなのか、もうわかってきたかもしれません。

ここで、もう少しその先をお話ししますと、よく考えてみれば、「自分」という明確に区切られたものも、「自分のもの」になるものも、何もないのです。

あなたが自分のものだと思っている身体だって、どこまでが身体か、なんていう境界線はありません。
ダイエットをしたことのある人ならよくわかるでしょう。
それまで自分についていたお肉は一体どこへいってしまったのでし

ょう？　空気になったのでしょうか？　そのお肉と、空気の境界線
はあるのでしょうか？

また、あなたが今日食べたご飯。
そのご飯は、少し前はご飯だったけど今は胃に取り込まれ、もう少
ししたら、栄養素として身体に取り込まれますよね。つまり、ご飯
と自分の境界線なんてありません。

そしてまた、人間関係やお金や家や車などの物質、それらすべて、
「自分のもの」になる、ということもありません。
なぜなら、「自分」という明確なものさえないのだから。

そして、手に入れたと思えるような状態になったとしても、永遠に
同じ状態であるものは何もなく、必ず変化します。ですので、自分
のものになるもの、なんて何もないのです。

そして、自分のものなんて何もない、ということは、自分のもので
はないものも何もない、ということです。なぜなら「自分」という
ものがないのですから。

このことが本当にわかってくると、どんなことであっても、執着す
ることにはなんの意味もないということが本当にわかってきて、現
実を変えようと思うことなく、受け入れられるようになってきます。

◆宇宙の流れにのる

////////////////////////////

人生は選択の連続です。

何かうまくいかないな、というときは、立ち止まってみるのもよし。

迷ったときは、わかるまで待つのもよし。

宇宙の流れは完璧ですので、無理に逆らわず、うまく流れる方へ自分がのっていくということを基本としてみましょう。

そして、どんな選択をしても、そのときの最善であり、正解である、ということを忘れないようにしましょう。人生に失敗なんてないのです。どんな選択をして、どんな結果になったとしても、それはひとつの経験が増えるだけ。

生きていたら、どうしても失敗を恐れてしまうことがあるかもしれません。また実際に何かを失敗した、と思うようなことがあって、落ち込んでしまうこともあるでしょう。

それは仕方のないことです。

しかし少し気分が落ち着いてきたら、そこから、自分の思考と意識の選択次第でどんな現実をも創っていけるということを思い出してみてください。そのように考えることができると、失敗なんていうものは存在しないことになります。

そのとき失敗だと思えるようなことがあっても、それは単に通過点に過ぎず、次への展開につながっています。失敗した時点で時間が止まるなんてことは絶対にないのですから。

大きな視点から見るとすべてはうまくいっており、すべては完璧なタイミングで起きています。ですので、あなたの人生だけがそうではない、なんていうことはあり得ません。

どんなことが起こったとしても、すべては精神次元を上げていくため、進化のために起こっています。
何か、うまくいっていないようなことが起こっても、「もしかするとうまくいっているのかもしれない、何かにつながっているのかもしれない」という視点を持つようにするだけで、あなたは徐々に、人生がうまくいっているという証拠を、あなたの現実の中に見つけられるようになっていくでしょう。

そして、あとになって振り返ってみると、すべては完璧なタイミングで起きていたことがわかるようになるでしょう。

すべては、波動の法則によって創造されており、しかもその原因は全部自分です。

今経験していることがどんなことであっても、あなたの波動による

ものです。だから、文句を言ってもはじまりません。

現実にあれこれ文句をつけるのではなく、ただ、ありのままに受け入れていきましょう。
受け身でいること。現実と戦わないこと。
これぞ、無敵の状態です。無敵というのは、すべての敵に勝つことではなく、そもそも戦わないから敵がいないことなのです。

「このままじゃだめ」とか「あれも足りない、これも足りない」と思うこともあるかもしれません。でも先程お伝えしたように、だめな自分という区切られたものもないですし、あなたのものでないものも何もありません。

今ここにないものを追いかけるのをやめてみましょう。何かを追いかけるのは、際限のない苦しみと欲望の旅に出てしまうようなものです。

求めるのではなく、今、自分で創るのです。
今あるものの中に幸せを見つけましょう。

そして、あなたにやってくるものを受け入れましょう。
流れの中で必要なこと、必然であることしか起こりません。

今いい気分でいる、今幸せでいること、そこがゴールです。

「今」どれだけ自分で自分を幸せにできるか、自分が幸せになれる

か、それだけなのです。

何かが叶ったら、何かを手に入れたら、目標を達成したら、幸せ。

そのように考えていると、「今」幸せになれないのです。

「今」幸せにならなければ、いつまでたっても幸せにはなりません。

「今」幸せになったら、そこがゴール。

そして、そのゴールは新しい世界の始まりです。

ワーク 33　今あるものを とにかく書き出す

今週は、あなたがすでに今持っているもので、大好きなものや必要なものを書き出してみましょう。
写真に撮ってみるのもいいですね。

例

・住んでいる家　　・部屋の中の家具
・乗っている車　　・お気に入りの服やアクセサリー
・思い出の品　　　・好きな本
・毎月の収入　など

そして、それらをただ、「すでに持っている」ということを、感じてみてください。すでにあるものに感謝が湧き上がってくるでしょう。

あなたが、自分が「持っている」ということに意識を向け、感謝を感じれば感じるほど、物質的にも豊かになっていきます。
そうして感謝を感じれば、さらに感謝したくなるような現実を創造します。

NOTE

書き込み欄

FUN!

ワーク 34　あなたに喜びをもたらしてくれ　ている人間関係は？

あなたにとって、大事な人は誰ですか？　その人との間で、起こっ
た嬉しかったことや、心があったかくなるようなことは何ですか？
思い返してみましょう。
思い出の写真があるなら、それを眺めてみましょう。
あなたは、あなたの望む人間関係をすでに持っていることに気づく
でしょう。あなたが、今、与えられているものの素晴らしさに気づ
けば気づくほど、人間関係が際限なく、素晴らしいものになってい
きます。

・あなたに喜びをもたらしてくれる人は
　誰ですか？

NOTE
書き込み欄

・どんな喜びをもたらしてくれますか？

ワーク 35　先のことを考えるのをやめてみる

これまで、先のことを考えて、今こうしなきゃ、と思うことが多かったかもしれません。学生時代だったらいい大学に入るために勉強しなきゃ、社会人になってからは、社会で認められる立派な人になるためや、ちゃんと稼ぐために、あれをしないと、これをしないと……。

それが本当にやりたいことだったらいいのですが、未来のために、今、やりたくないことをしているのであれば、一旦先のことを考えるのはやめてみましょう。

もし未来が保証されているなら、今、自分は何をするか？　そんな風に考えてみましょう。

ワーク 36   直感で選んでみる

お金の使い方や、日々の過ごし方、いろいろな場面で何かを選んだり決めたりしなければいけないときに、様々な面から考えて、合理的な方や正しいと思える方、得だと思う方、また自分ではなくて誰かがいいという方を選んでしまうことが多いかもしれません。

でも、考えて決めるより、自分の「なんとなくこれがいいな」「普通に考えたらこっちだけど、自分は絶対こっちがいい」というような、自分の内側の声にちょっと注意してみてください。

直感はあなたの魂の声。

そして、その自分の声に従った選択をできるだけするようにしてみましょう。そうしていると、だんだん、自分の直感というものがわかってくるようになります。

ワーク 37　　とにかく、何にもこだわらない

もし、何か引っかかること、嫌なこと、カチンとくるようなこと、問題と思えるようなことがあったとしても、とにかくスルーして流していきましょう。

そのことについて、何もする必要はありません。問題は、問題だと思わなければ自然と解決します。

あなたが、何が起こっても、軽やかに笑っていれば、あなたは簡単に幸せの流れにつながっていけるのです。そして、何か望まないことが起こっても「これは、何かいいことにつながっているのかもしれない」とそう考えてください。どのようにつながっているのかは、今わかる必要はありません。

自分自身で物事を難しく考えず、起こってくることを信頼していきましょう。

Amy Okudaira

1977 年、兵庫県生まれ。
幼少の頃より、思考と現実の間に関連があると感じる。
2012 年、世界は自分が創造しているとの気づきがある。
2014 年より作家。引き寄せの法則に関する著書多数。
2020 年 4 月コロナ騒動で自宅に引きこもっている間に目覚めがあり、
無であり無限である「わたし」を思い出す。

主な著作
『「引き寄せ」の教科書』(小社刊)
『探し物はすぐそこに』(幻冬舎)
ほか多数。

オフィシャルブログ
http://lineblog.me/amyokudaira/

装丁／冨澤 崇（EBranch）
編集・校正協力／大江奈保子・あきやま貴子
イラストレーション／滝本亜矢
編集・本文design＆DTP ／小田実紀

しあわせを創造するnote

初版１刷発行 ● 2020年６月22日

著者

Amy Okudaira

発行者

小田 実紀

発行所

株式会社Clover出版

〒162-0843 東京都新宿区市谷田町3-6 THE GATE ICHIGAYA 10階
Tel.03（6279）1912　Fax.03（6279）1913　http://cloverpub.jp

印刷所

日経印刷株式会社

©Amy Okudaira 2020, Printed in Japan
ISBN 978-4-908033-78-0　C0011

本書の内容に関するお問い合わせは、info@cloverpub.jp宛にメールでお願い申し上げます

スピリチュアルの教科書シリーズ

◆ **復刻改訂版「引き寄せ」の教科書**
　Amy Okudaira 著
　四六判　344 ページ　1,800 円＋税
　978-4-908033-58-2

◆ **「引き寄せ」の教科書 瞑想 CD ブック**
　Amy Okudaira 著
　四六判　192 ページ　1,800 円＋税
　978-4-908033-59-9

◆ **『こころのブロック』解放のすべて**
　碇のりこ 著
　四六判　288 ページ　1,800 円＋税
　978-4-908033-73-5

◆ **「言葉」が人生を変えるしくみ その最終結論。**
　石田久二 著
　四六判　292 ページ　1,700 円＋税
　978-4-908033-39-1

◆ **アセンデッドマスターより、光のメッセージ**
　穴口恵子／テリー・サイモンズ 共著
　四六判　188 ページ　1,600 円＋税
　978-4-908033-71-1

◆ **マインドフルネスの教科書**
　藤井英雄 著
　四六判　294 ページ　1,700 円＋税
　978-4-908033-43-8

◆ **私のすべてを私が許可する "眠りのセラピー"**
　七海文重 著
　四六判　256 ページ　1,500 円＋税
　978-4-908033-68-1